AF312349

**ALFRED  JARRY**

# ALBERT SAMAIN

## (SOUVENIRS)

PARIS

VICTOR LEMASLE

3, QUAI MALAQUAIS, 3

—

1907

# ALBERT  SAMAIN

*(Souvenirs)*

**ALFRED JARRY**

---

# ALBERT SAMAIN

## (SOUVENIRS)

PARIS

**VICTOR LEMASLE**

3, QUAI MALAQUAIS, 3

—

1907

18 décembre 1899

Cher Monsieur Van Bever,

Je ne vois pas trop grand chose à répondre aux différentes questions que pose votre dernière lettre.

Comme je vous l'ai écrit, ma vie n'a point d'histoire et ne comporte point d'éléments ~~anecdotiques~~ dont la plume alimente le côté anecdote d'une biographie. Ce qu'il y a peut d'être d'un curieux, c'est le chemin que la vie m'a forcé à prendre pour arriver à la littérature. Car j'ai quitté le lycée pour entrer comme saute-ruisseau dans une banque à l'âge de quatorze ans et demi, purement et simplement. De la banque

j'ai été versé dans le comptage des sucres
où j'ai vécu très malheureux pendant plusieurs
années, travaillant de huit heures et demi du
matin à huit heures du soir, et le dimanche
jusqu'à 2 heures. C'est ainsi que cherchant de
toutes les façons à me délivrer de cet esclavage,
j'ai été amené à songer à l'administration.
A vingt cinq ans — Sans exagération aucune —
je ne comptais sinon aucune camaraderie, aucune
amitié littéraire. Je n'avais de relations qu'avec
des jeunes gens appartenant au monde des
affaires. J'en étais quitte pour lire. Heureuse-
ment la petite bête avait la vie dure, il
faut le croire.

Je vous envoie l'article de Lorrain
que vous me demandez à consulter.

Je ne me rappelle pas, en dehors de ce
que vous ai dit, d'autre étude sur moi.
Vous ai-je cité ce livre sur la jeune littérature
publié au Mercure et dû à la collaboration
de deux femmes, dont j'ai oublié les noms? Il
y avait là dedans quelques pages me concernant,
que le Mercure même a publiées avant
la lettre. Un jeune homme, Achille Ségard

doit je crois faire paraître sous peu une
étude sur mon œuvre.

J'ai cherché ce qui pourrait vous intéresser
en ce qui me concerne ; si je trouve quelque
chose qui me semble un peu plus caractéristique
je vous en ferai part.

Croyez-moi, cher Monsieur Van
Berer, bien cordialement à vous

Albert Samain


Je m'appelle Albert-Victor. Et toujours
tout à votre disposition.

# ALBERT SAMAIN

On imagine à peine aujourd'hui, où les révolutionnaires d'un peu lointain passé sont des gloires admises, l'éblouissement que ne connurent peut-être point d'autres générations et qui, vers 1892, transporta maints jeunes hommes de vingt ans, amoureux de belles lettres et croyant alors ne les point ignorer, quand leur fut révélée une littérature qui s'avisait manifestement l'unique — au moins à leurs enthousiasmes d'alors.

C'était le temps où, près du Panthéon, ces futurs normaliens, avocats, voire officiers ou médecins, suivant les projets qui leur suffisaient à l'époque et hors desquels leurs familles ne voyaient pour eux point de salut, — s'informaient, assez à fond pour s'en glorifier aujourd'hui, du grec auprès de M. Poyard, trop impeccable helléniste pour qu'aucun s'étonnât à sa confidence favorite : qu'il avait beaucoup connu Aristophane, — ou de la philosophie en notant le cours, précieux entre tous, de M. Bergson, qui improvisait devant ces adolescents s'éveillant au sérieux, sa théorie du Rire.

Dès 1889, en des provinces, M. B. Bourdon leur avait expliqué, pour le scandale futur des examinateurs en Sorbonne et quoiqu'il ne fût point encore traduit, Nietzsche.

Ces « vétérans de rhétorique », au moins les meilleurs d'entre eux, se fussent joués à translater Horace en vers français aussi bien qu'Anquetil, et composaient force pastiches, suffisamment réussis d'ailleurs, de Victor Hugo ou du Parnasse.

Leurs hardiesses littéraires n'allaient pas jusqu'à rebuter le classique auditoire des banquets universitaires, ni le jury, de prestige plus imprimé, des concours de l'*Echo de Paris*.

Mais ils voguaient déjà dans les parages liminaires d'un nouveau-monde. Il nous souvient
qu'André Rivoire, lors d'une Saint-Charlemagne,
sut oser le nom de Mallarmé, à la faveur prudente
toutefois de la rime richement conciliatrice :
« l'homme est un animal armé », et que nous-
mêmes, à l'*Echo*, fûmes accueilli par Marcel
Schwob, dont allait paraître en volume le *Roi au
masque d'or*.

Il n'empêche que pour cette génération universitaire, ignorant, de par son éducation, à peu
près tout de la génération immédiatement —
c'est-à-dire de dix ans — antérieure, le *Mercure
de France*, pour ne citer que cette revue — sa
« série moderne » avait deux ans ! — était jalousement dissimulé à l'étage, le plus inférieur au
point d'en être rez-de-chaussée, de la bibliothèque Sainte-Geneviève, d'où il n'était guère
exhumé ni communiqué sans marques évidentes
de réprobation ; les collections encore récentes du
*Scapin*, du *Décadent*, de la *Décadence* s'entr'ouvraient,

avec quelque émoi, chez Vanier, éditeur de Verlaine ! chez Bailly, dont la vitrine offrait, parmi
des pastels d'Odilon Redon, les premiers livres
de Régnier et la *Chrysis* de Pierre Louys, qui
n'était pas encore devenue *Aphrodite*.

Et c'est vers ces temps-là que la révélation eut
lieu. Le verset de l'Apocalypse n'est point trop
grandiloquent : « le ciel se replia comme un livre
qu'on roule. » C'était vraiment, ainsi qu'une
feuille à l'automne se recroqueville, le rideau d'un
passé mort qui se relevait, pour ne plus retomber,
sur un inattendu théâtre.

Splendeurs soudaines ! et le raffinement de
volupté esthétique fut plus subtil et suraigu de les
surprendre *in medias res* et dès cette période presque adultes.

Il n'était plus question d'*Hirsutes* ni d'*Hydro-
pathes*, et ceux que quelques feuilles — les *Annales*
par exemple — appelaient encore les décadents,
ne daignaient plus jeter leur gourme de poudre
aux yeux du « mufle ».

Mais des renoms grandissaient qui devaient s'affirmer soit posthumes, soit par les réalisations croissantes de vitalités toujours accrues.

Que de noms : Verlaine, Mallarmé, Rimbaud, Laforgue, Lautréamont, Tailhade, Gustave Kahn, qui porta au rouge-aurore le romantique « bonnet du vieux dictionnaire » des rimes, faisant nomade le palais du vers ; Henri de Régnier avec *Tel qu'en Songe*, Viélé-Griffin et la *Chevauchée*, Pierre Quillard, Maeterlinck, Van Lerberghe, Verhaeren, Saint-Pol-Roux, Jules Renard... Et la curiosité rétrospective qui feuillette les revues disparues trouve aujourd'hui qu'il n'était point si outre-cuidant à quelques-uns d'entre ceux-là d'enor-gueillir l'un des recueils qui groupait périodique-ment leurs œuvres sous sa couverture déjà mauve, du titre de *Pléiade*.

Nous avons omis volontairement un nom, parce que celui-là le premier l'aurait omis, qui le portait déjà notoire entre ses pairs et l'eût rapide-ment eu célèbre sans une modestie, forme souvent la plus hautaine de la conscience de soi, qui se voulait solitaire ne se sachant point de semblable. Ajoutons qu'il semblait n'oser, plus assurément dédaignait les innovations de forme : en 1884 le *Chat-Noir* publiait *Tsilla*, poème d'ALBERT SAMAIN.

Au Chat-Noir aussi, en 1885 et 1886, quelques poèmes, et dans la collection de *Scapin* nous retrouvons, encore qu'elle soit assez introuvable (la Bibliothèque Nationale même ne possède que deux ou trois des neuf numéros, les seuls, de sa seconde série (la série *Revue*, qui fut précédée de la série *Journal*), des sonnets de Samain ; quant au *Lys*, qui d'après le témoignage de M. Léon Bocquet (1), l'un des biographes et bibliographes de l'auteur du Jardin de l'Infante, n'a jamais été réimprimé depuis, il n'a jamais paru dans le

(1) LÉON BOCQUET, *Albert Samain, sa vie, son œuvre*, préface de Francis Jammes, Mercure de France MCMV. Page 46.

*Scapin*, et, pour rééditer un mot de Victor Hugo
« n'a pas été imprimée... et ne vaut pas la peine
de l'être ».

Nous reproduisons ici un sonnet plus curieux,
antérieur et plus inédit — aussi floral, voyez
le titre ! — paru dans le *Courrier du Jeudi*, pério-
dique autocopié, rédigé vers 1884, par M. Alfred
Vallette :


## BOTANIQUE


Oui, chaque fleur, madame, est l'ardente maîtresse
Du soleil empourpré, qui se couche là-bas.
Voyez, comme suivant son déclin pas à pas,
Chacune tend vers lui sa tige avec détresse.


Sur le jardin palpite une suprême ivresse ;
Car, de l'âpre bruyère au suave lilas,
Toutes veulent sentir sur leurs seins délicats
Glisser l'or tiède et doux d'une oblique caresse.


Mais, quand l'ombre a rempli l'horizon jusqu'au bord,
Naïves, elles croient que le soleil est mort ;
Et le sol sent en lui frémir leur petite âme.

> Alors, toute la nuit, leur amour enfantin
> Pleure sous le ciel vide, et c'est pourquoi, madame,
> Leurs calices sont pleins de larmes le matin.

ALBERT SAMAIN.

Du Scapin comme de toutes les minces revues qui s'évanouirent, sans doute parce qu'elles ne suffisaient plus, en dimension, à contenir l'expansion de talents grandissants, l'on revoit, en 1890, les meilleurs unis en une phalange qui devait rester cette fois définitive.

Les temps sans doute étaient venus, ou plutôt les temps appellent-ils l'homme qui fixe leur devenir.

La nouvelle publication fut le *Mercure de France*.

Près du créateur du *Mercure*, Alfred Vallette, Albert Samain en fut l'un des fondateurs, et désormais, fidèlement, sauf à deux reprises, quand par l'entremise de José-Maria de Hérédia la *Revue des Deux-Mondes* lui demanda des vers, — y réserva ses poèmes.

Il est admirable aujourd'hui de constater avec quelle sûreté prophétique, devançant le suffrage du public, cet éternel tard-venu qui attend qu'on lui souligne ce qu'il faut lire (la vente des « Samain », au *Mercure*, se comparerait quasi à celle des « Coppée » chez Lemerre), avec quelle sûreté, disons-nous, dès ces moments antérieurs de quelque sept ans à sa mort — la célébrité, paraît-il, veut être posthume. — Albert Samain fut estimé du premier coup à son juste aloi par ses pairs.

Ceci s'explique et par l'intégrité absolue de son génie, et par la netteté immédiate de vues de qui le jugea.

En 1894, comme on sait, Edmond Girard, fondateur, rédacteur et « s'étant voulu typographe » des *Essais d'Art Libre*, faisait paraître *Les Portraits du Prochain Siècle*. Entreprise dont certains sourirent peut-être alors, mais le temps ne les a point tous effacés.

Voici le portrait d'Albert Samain tel que le publia alors M. Alfred Vallette.

### ALBERT SAMAIN

Un modeste et un fort, doué de la qualité la plus rare qui soit, l'intelligence. Un fort, parce que, pouvant acquérir de bonne heure, en publiant plusieurs milliers de très beaux vers qu'il cache, la réputation d'un bon poète, il a eu le courage de les rejeter de son œuvre et d'attendre qu'il se fût dégagé des influences directes. Ses intimes amis — peu nombreux : Samain est presque un solitaire — savent de lui des poëmes qui ont la rigide perfection de ceux de M. Leconte de Lisle, et ils en savent qui ont la beauté plastique de ceux de M. José-Maria de Hérédia. Il a souvent égalé ces deux maîtres en des œuvres, je le redis, qui ne seront point dans ses livres, où il veut que la moins personnelle de ses poésies réflète encore un peu de son âme. Ame extraordinairement vibrante, exquise, voyageuse qui s'envole, frêle et rapide, vers les solitudes de l'éther, et, parvenue aux confins dont elle a l'éternelle nostalgie, défaillante à mourir devant l'atmosphère si rare, se grise et se pâme à ouïr des chants que nul n'entendit. Puis, revenue de ces voyages au seuil du ciel, elle se repose en des pays qu'eût aimés Watteau et s'amuse aux mièvreries délicieuses des fêtes galantes, ou encore elle parcourt le monde révolu et s'intéresse aux grandes passions terrestres. Et si Albert Samain est un pen-

seur, ami des philosophies et curieux du mystère insoluble,
on le *sent* dans le *Jardin de l'Infante*, mais on le sent seule-
ment, car il est bien trop artiste pour y voir matière à per-
pétrer l'affreux « poème philosophique ».

Alfred VALLETTE.

(*Portraits du Prochain Siècle*, tome 1ᵉʳ, Poètes et Prosa-
teurs, Paris, Edmond Girard.)


Un peu avant que fût publié ce portrait, c'est
au *Mercure de France*, dans le salon de Madame
Alfred Vallette-Rachilde, l'auteur d'une trentaine
de romans dont avoir écrit un seul suffirait à faire
dire d'un homme qu'il a du génie, et de qui le
*Théâtre d'Art* venait de représenter ce drame dont
un acte au moins est beau comme une tragédie
d'Eschyle : *Madame la Mort*, — et le théâtre de
l'Odéon allait mettre à la scène, l'année suivante,
le *Vendeur de Soleil*, — c'est au *Mercure de France*,
alors rue de l'Échaudé, que nous avons rencontré
pour la première fois Albert Samain.

Sans qu'il y eût entre eux de ressemblance
physique, et à vrai dire il nous serait malaisé de

préciser nous-même pour quelle mystérieuse rai-
son, il nous reste à l'esprit comme l'association
d'une morale parenté lointaine entre Louis Denise
et Albert Samain. Serait-ce, malgré la différence
de leurs œuvres, qu'il existe une similitude cachée
entre l'harmonie des belles rimes, les images colo-
rées chères à l'auteur d'*Aux Flancs du Vase*, et la
somptuosité des gemmes magnifiées avec dilection par l'érudit lapidaire de la *Merveilleuse Doxo-
logie* ! Sinon relation, sûrement sympathie ?

M. Louis Denise a dit de Samain que « ses
loisirs intérieurs étaient des Golcondes spirituelles. »

Et Samain ne s'est-il pas prescrit à lui-même :

> Lapidaire secret des soirs quotidiens,
> Taille tes souvenirs en pierres précieuses,
> Et fais-en pour tes doigts des bijoux anciens.
>
> (*Le Chariot d'Or*.)

Nul ne le connut mieux que M. Louis Denise,
nous voulons dire avec cette clairvoyance amicale
qui fait que l'on retrouve l'âme comme à fleur

d'une silhouette, et c'est à l'article de M. Louis Denise (1), qui fut, hélas, l'oraison funèbre, que nous empruntons le portrait du poète :

Comme Watteau, le frère mélancolique et charmant de l'une de ses manières poétiques, Samain était né à Lille, dans cette Flandre féconde en minutieux artistes adorateurs de la vie. Mais dans sa mince face brune aux traits fins et accusés, aux cheveux noirs et plats, dans son geste abondant et facile qui ne contrariait jamais la correction naturelle d'un extérieur un peu austère, il avait gardé quelque chose de l'ancienne race maîtresse du pays, une silhouette espagnole que Velasquez eût signée.

Tel il nous apparut aux lointaines années, vers 1884, je crois, dans les cénacles de jeunes hommes voués aux lettres...

Tel il nous apparut dix ans plus tard dans cette sombre et silencieuse, mais point mélancolique, rue de l'Échaudé, dont le calme n'était troublé — ou plutôt précisé — chaque dimanche après-midi, que par les notables commerçants du quartier, jouant au tonneau presque en-dessous même de

(1) Louis Denise. *Albert Samain,* « Mercure de France, » octobre 1900.

la rédaction du *Mercure,* dans le local de l'honorable M. Chedal, natif de la Savoie, marchand de vins et loueur de voitures à bras. Le bruit des palets, régulier, rythmait les heures (nous-même personnellement accomplimes naguère à diverses reprises l'exploit de plusieurs « gueules »), leurrant, mais pas toujours, le désir de communions inassouvies de la grenouille de fonte toujours bayante... remplacée aujourd'hui par une tête de chien. On retrouvera, sur cette grenouille du jeu de tonneau, dans l'un des premiers numéros du *Mercure de France,* une curieuse prose de M. Alfred Vallette : *In æternum.*

Mais l'ouïe continue de ce symbole métallique n'incitait personne à la désespérance. Et nous n'avons point remarqué chez le Samain d'alors cette mélancolie qui pare de grâce l'âme de ses œuvres, et que M. Léon Bocquet prétend avec quelque exagération, nous semble-t-il, avoir drapé funèbrement sa vie.

Demi-teinte n'est pas deuil.

Il nous souvient de ses réparties spirituelles souvent gaies, ce sentimental évoquait Gaudissart, et dans sa conversation comme dans sa vie privée il fut un simple, non un pauvre — le temps n'est plus de la « bohême » des gens de lettres, qui faisait quelquefois pire — « il avait cette suprème politesse d'abaisser ou d'élever le ton de sa parole dont l'ironie même ne semblait être qu'une charité au niveau de ses interlocuteurs (1). »

Cela n'est point contradictoire avec l'épigraphe angoissée du *Jardin de l'Infante*, ces vers d'Edgar Poe, variante parfumée de l'inscription mise par Dante au linteau du seuil infernal :

> Was it not Fate, that, on this July midnight,
> Was it not Fate (whose name is also sorrow),
> That made me pause before that garden-gate
> To breathe the incense of those slumbering roses ?
>
> .  .  .  .  .  .  .  .  .  .  .  .  .  .  .  .
>
> Ah ! bear in mind this garden was enchanted.

Samuel Taylor Coleridge, qui, si Samain le lut, dut lui être aussi cher qu'Edgar Allan Poe, a

(1) Louis Denise, *art. cité*.

imaginé un fantôme singulier, une femme spectre qui n'est ni l'existence ni le tombeau, *Vie-en-la-mort*. Un sentiment analogue et complexe donne un peu du secret de la poésie de Samain. Loin de franchir avec désespérance la porte du jardin magique, c'est avec une curiosité avide et joyeuse que, tel qu'Edgar Poe, il se dispose à respirer, dans l'inquiétant enclos, l'encens des roses assoupies.

Un encens qui n'est autre chose qu'une brise parfumée

> D'une essence ravie aux vieillesses des roses,

selon cette autre épigraphe du *Jardin*, cueillie dans Stéphane Mallarmé, un encens, telle fut la « robe de parade » où se complut l'âme du poète, suraigüe et douloureuse, et qui devait percevoir tous les touchers, toutes les caresses et tous les heurts comme avec une sensibilité extériorisée, frémissante, alanguie et diminuée ainsi qu'une rime féminine.

Sinon ses œuvres, testament de son âme, il ne pouvait laisser de meilleure image posthume que son portrait par Carrière, cet autre myope. La poésie de Samain bénéficiait de cette divine myopie qui fait que les aides de qui le globe oculaire est ovale ont toujours le ciel tout près, et partout à égale distance. Ils vivent dans un halo, et pour eux la nature amoureuse se poudre éternellement.

Telle fut le réduit chimérique et réel que le poète se plaisait à se construire en imagination, dédaigneux, pour celui qu'il habitait, d'ornements autres que ceux par lui rêvés :

« Ma chambre tendue toute de velours gris acier à reflets bleutés. Le plafond rose éteint s'en allant vers le mauve avec un grand motif de décoration — Renaissance — en vieil argent, incrusté à l'un des angles. Une tenture pour masquer la porte. Point de fenêtres, la chambre ne devant être habitée qu'à la lumière. En bas, formant plinthe, une bande de vieil argent découpée à jour appliquée à même le velours de la tenture, dessin à ramages, noué à intervalles par des torsades de perles roses. Tapis à long poil argenté ; sur un côté de la muraille, divan de velours gris acier. Nul meuble... (1) »

A ceux pour qui la douleur est nuances, et le mouvement ondulation, la vie est le tremblement d'un cinématographe non point créé par les hommes et qui serait la palpitation de toutes choses, avec l'ardeur heureuse de l'air vibrant par les midis de canicule, et la mystérieuse lenteur des algues au fond des eaux. Les eaux mêmes leur sont toujours la buée dont à l'aurore elles font hommage au soleil, et le soleil pour eux ne marque point d'autre heure que celle, merveilleuse, de naître ou de s'éteindre :

> Je veux cueillir, parmi les roseaux frémissants,
> La grise fleur des crépuscules pâlissants.

> *Au Jardin de l'Infante*, p. 26. (Pagination de la 1<sup>re</sup> édition, 1893).

(1) LÉON BOCQUET, *Albert Samain*, p. 59 *(notes inédites.)*

Tout poète a son mot aimé, fréquent et familier,
que l'on pourrait dire sa devise :

Et les enfants penchés sentent en frémissant
Leur petit cœur cruel réjoui par le sang.

> *Aux Flancs du Vase*, Ardagon le Boucher.

Eaux courantes, bois verts, feuillage frémissant,
Le clair frisson du monde a passé dans son sang.

> *Ibid.* Axilis au ruisseau.

A qui perçait, en plein jour, les rayons infra-
rouges du soleil sous l'horizon, il est naturel que
vienne l'amour des crépuscules, qui ne sont pour
nous qu'une nuit commençante, parce que nous
ne discernons point la multiplicité de leurs teintes
atténuées, que des visions plus minutieuses savent
poursuivre à l'infini :

Voici que les jardins de la nuit vont fleurir,
Les lignes, les couleurs, les sons deviennent vagues.
Vois, le dernier rayon agonise à tes bagues.
Ma sœur, entends-tu pas quelque chose mourir ?

> *Au Jardin de l'Infante*, p. 29.

Et avec précision il formule l'aveu de sa « Dilection » de l'imprécis :

> J'adore l'indécis, les sons, les couleurs frêles,
> Tout ce qui tremble, ondule, et frissonne et chatoie,
> Les cheveux et les yeux, l'eau, les feuilles, la soie,
> Et la spiritualité des formes grêles...
>
> *Ibid.*, p. 45.

> Le ciel suave était jonché de violettes...
> Les tons pastellisés d'un Lawrence adouci...
>
> *Ibid.*, p. 50.

> Ce n'était rien, c'était dans le soir d'améthyste
> Un musical amour sur les sens apaisés...
> Et c'était comme une musique qui se fane...
>
> *Ibid.*, p. 53.

Citons surtout, comme le plus typique, ce poème, tout en féminines avec ses *e* muets à la césure, ses allitérations, et ses deux hiatus en *i* choisis pour leur *douceur* :

> Je rêve de vers doux et d'intimes ramages,
> De vers à frôler l'âme ainsi que des plumages,

De vers blonds où le sens fluide se délie
Comme sous l'eau la chevelure d'Ophélie,

De vers silencieux, et sans rythme et sans trame,
Où la rime sans bruit glisse comme une rame,

De vers d'une ancienne étoffe, exténuée,
Impalpable comme le son et la nuée,

De vers de soir d'automne ensorcelant les heures
Au rite féminin des syllabes mineures,

De vers de soirs d'amour énervés de verveine,
Où l'âme sente, exquise, une caresse à peine,

Et qui au long des nerfs baignés d'ondes câlines
Meurent à l'infini en pâmoisons félines,
Comme un parfum dissous parmi des tiédeurs closes,

Violes d'or et *pianissim' amoros'*...

Je rêve de vers doux mourant comme des roses.

*Au Jardin de l'Infante*, p. 55.


Douceur, dignité cérébrale, aristocratie, quoiqu'il fût du peuple, couroisie impénétrable, horreur
de la lumière crue et nostalgie du passé — recul

3

vers la *pénombre* des temps, autant de termes qui
ne peuvent s'exclure :

> Grand air, urbanité des façons anciennes,
> Haut cérémonial, révérences sans fin.
> Créqui, Fronsac, beaux noms chatoyants de satin,
> Mains ducales dans les vieilles valenciennes.

*Le Chariot d'or.*

> La lune doucement se lève sur Cythère,
> Et sur les robes parfumées,
> Et sur les mains des Bien-Aimées
> Flotte, au long des molles ramées,
> L'âme amoureuse de Watteau.

*Aux Flancs du Vase* use ingénieusement de
l'artifice d'un passé très antique et de cet autre
tamisage de lumière, que les scènes les plus bru-
tales se feignent empruntées à des bas-reliefs
courbes, fuyants, déteints et unicolores. Défé-
rence pour les sens délicats que seule peut donner
la distance (*major e longinquo...*) et que l'auteur
de l'*Iliade* n'avait point encore à sa disposition
en décrivant le bouclier d'Achille : ce sont des

images où s'estompent le geste, le bruit et ce qui
eût donné certaines répulsions nerveuses :

> Soudain le bouc lascif se dresse, et titubant,
> Sur la chèvre efflanquée à l'échine rugueuse
> Satisfait au soleil sa luxure fougueuse.
> Et Mnasyle, l'éphèbe en fleur de Scyoné,
> Aussi beau qu'une vierge et d'iris couronné,
> De ses longs yeux d'or noir le regarde étonné ;
> Et pris de langueur vague en l'exil de la grève
> Laisse flotter sa main sur sa chair nue, et rêve...

*Aux Flancs du Vase,* Mnasyle.

> Pendant que le canard, discordant prisonnier,
> Crie et passe un bec jaune aux treilles du panier.

*Ibid.*, le Marché.

> Et Chloris dont la main lentement se hasarde
> A pitié de sentir, affolé par la peur,
> Si fort entre ses doigts battre le petit cœur.

*Ibid.*, la Grenouille.

Logiquement la recherche de l'extrême lointain, dans les mondes exotiques ou abolis, mène
à l'absolu. Tel est l'esprit du *Sphinx,* un des pre-

miers et des plus beaux sonnets publiés par
Samain (Scapin, 1885), le Sphinx de pierre qui
semble se redresser sur ses pattes

> Afin de retourner dans son éternité.

Le retour aux contrées d'avant et d'au-delà toutes choses, et qu'il eût aimé concevoir sans doute
comme un brumeux pays des Cimmériens,
Champs-Elysées digne de son amoureux *Polyphème*,
une Thulé ultime où s'entr'ouvent des fleurs de
brouillard, telle fut la mort qu'eût choisie Albert
Samain, et qui ne lui fut point ennemie, passage
du Styx doux comme un soir vénitien :

> Oh ! Ecoute la symphonie ;
> Rien n'est doux comme une agonie
> Dans la musique indéfinie
> Qu'exhale un lointain vaporeux ;
>
> D'une langueur la nuit s'enivre,
> Et notre cœur qu'elle délivre
> Du monotone effort de vivre
> Se meurt d'un trépas langoureux...
>
> *Au Jardin de l'Infante*, Musique sur l'eau, p. 16.

Et la mort, amante désirée et tant de fois chan-
tée, l'enveloppa si tendrement de son manteau
gris perle que « nul, dit M. Louis Denise, nul
même de ceux qui l'aimèrent le plus, ne sut que
Samain mourait...

« Et son destin secret eut cette fin secrète qu'il
se rêvait, car il fut heureux... »

La mort, amante désirée... de ceux qui savent
si bien qu'en eux tout ne va pas mourir...

> Oh ! écoute la symphonie ;
> Rien n'est doux comme l'agonie
> De la lèvre à la lèvre unie
> Dans la musique indéfinie...

AUXERRE-PARIS. — IMPRIMERIE A. LANIER

9 782329 528410